SWOT-Analyse und Digitalisierung im Sportmarketing

Timo Rother

Bibliografische Information der Deutschen Nationalbibliothek:

Die Deutsche Nationalbibliothek verzeichnet diese Publikation in der Deutschen Nationalbibliografie; detaillierte bibliografische Daten sind im Internet über http://dnb.d-nb.de abrufbar.

ISBN: 9783389021019
Dieses Buch ist auch als E-Book erhältlich.

Druck und Bindung: Books on Demand GmbH, Norderstedt Germany
Gedruckt auf säurefreiem Papier aus verantwortungsvollen Quellen

Das vorliegende Werk wurde sorgfältig erarbeitet. Dennoch übernehmen Autoren und Verlag für die Richtigkeit von Angaben, Hinweisen, Links und Ratschlägen sowie eventuelle Druckfehler keine Haftung.

Das Buch bei GRIN: https://www.grin.com/document/1472815

Deutsche Hochschule für
Prävention und Gesundheitsmanagement
Hermann-Neuberger-Sportschule 3
66123 Saarbrücken

Studiengang	Sportökonomie
Studienmodul	Sportmarketing
Datum Präsenzphase (siehe Ergebnisdokumentation)	07.03. – 09.03.2022
Aufgabe	Einsendeaufgabe

Inhaltsverzeichnis

1 SWOT-Analyse

Im nachfolgenden wird eine SWOT-Analyse für den Fussballverein TSG 1899 Hoffen-heim dargestellt. Die SWOT-Analyse beschäftigt sich mit der Analyse der Stärken, Schwächen, Chancen und Risiken eines Unternehmens (Umbach, 2018). Dabei beziehen sich die Stärken und Schwächen auf die Innensicht des Unternehmens und fassen die Resultate der internen Analyse zusammen. Die Chancen und Risiken nehmen Bezug auf das Umfeld des Unternehmens. Die Außensicht analysiert, welchen Chancen und Risiken das Unternehmen von der Außenwelt ausgesetzt ist (Kaufmann, 2021).

1.1 Analyse der Stärken und Schwächen

Die TSG Hoffenheim gilt als einer der innovativsten Vereine Deutschlands und Europas. Grund dafür ist, dass mit SAP-Gründer Dietmar Hopp jemand an der Spitze des Vereins steht, der selbst ein begeisterter Nutzer und Erfinder technologischer Neuheiten ist. Inno-vationen werden in allen Abteilungen großgeschrieben und gilt damit als eine Stärke des Vereins. So wurde besipielsweise ein Tool entwickelt, in der man spezifische Analyseas-pekte hinsichtlich der Fussball und Taktiklehre etablieren konnte. Sie untersucht unter anderem die Präzision der Pässe, Zeiterfassung zwischen Ballannahme und Weitergabe sowie Laufleistungen und Beschleunigungen der Spieler. So bekommt der Akteur ein ob-jektives Feedback zu seiner Leistung und kann somit auf taktische Elemente des Gegners vorbereitet werden (Nieswandt, Geschwill & Zimmermann, 2019). Eine weitere Stärke der TSG Hoffenheim besteht in der Struktur und den Zentren. So verfügt der Verein über eine Spielstätte für nationale und internationale Begegnungen, die 30.150 Zuschauer-plätze umfasst, die PreZero Arena. Darüber hinaus verfügt der Verein über ein Trainings-zentrum für die U23 der TSG Hoffenheim, dem Dietmar Hopp Sportpark, sowie drei wei-tere Förderzentren mit unterschiedlichen Schwerpunkten. Dazu kommen noch zwei In-ternate für die U14 - U16 Spieler sowie für die U17 - U19 Spieler (Görlich, Mayer, 2018). Durch diese geschaffenen Strukturen bietet der Verein den Spielern im Profi und Nach-wuchsbereich bestmögliche Vorraussetzungen für die sportliche und allgemeine Weiter-entwicklung. Vor allem im Nachwuchsbereich hat die TSG Hoffenheim schon häufiger unter Beweis gestellt, Spieler aus den eigenen Reihen in den Profiligen zu integrieren. Seit Sommer 2006 ist die Nachwuchsabteilung der TSG Hoffenheim ein DFB zertifizier-

tes Leistungszentrum. Die TSG Akademie hat mit drei Sternen die bestmögliche Aus-
zeichnung erhalten. Diese nachhaltige Nachwuchsförderung zählt definitiv zu den größ-
ten Stärken des Vereins. Nachdem die TSG Akadmie ihren Betrieb aufgenommen hat,
haben kanpp ein Fünftel aller Spieler, die für Hoffenheim mindestens einmal in der U17
oder U19 Bundesliga gespielt haben, später in einer der drei Profiligen gespielt (Mühlen,
Werheid, 2019).

Trotz alledem gibt es aber auch einige Schwächen, die die TSG Hoffenheim aufzeigt.
Denn die im Jahr 2014 hervorgerufene Ausnahmeregelung der DFL in Abstimmung mit
dem DFB sieht vor, dass auch natürliche Personen als Rechtssubjekt die Mehrheit an einem Verein haben dürfen. Dietmar Hopp, der Finanzier der TSG Hoffenheim hat davon
als erste Person von dieser Regelung Gebrauch gemacht. So hat er sich im Februar 2015
die Komplettübernahme der Anteile der TSG Hoffenheim genehmigen lassen (Hierl,
Weiß, 2016). Diese Heteronomie ist als klare Schwäche zu betrachten, denn sollte Dietmar Hopp dieses Verhältnis irgendwann beenden, sollte dem Verein klar sein, dass die
bisherigen finanziellen Rahmenbedingungen nicht mehr gegenwärtig sein werden. Jene
Vorraussetzungen, die zum sportlichen Erfolg sowie zur Entwicklung der gesamten
Strukturen im Verein verantwortlich waren. Eine weitere Schwäche des Vereins ist das
Image in Bezug auf die eigenen Fans. So betrachten 42,9 % der eigenen Fans ihren Club
als Retortemarke (künstlich geschaffener Verein ohne gewachsene Tradition und wenig
Anhänger, die den sportlichen Erfolg durch hohe Investitionen versucht zu erkaufen), und
nur ein geringer Teil der Fans betrachtet ihren Verein als eine Kulturmarke (Preuß, Huber,
Schunk, Könecke, 2014). Darüber hinaus verfügt die TSG Hoffenheim quantitativ die
dritt geringste Mitgliederzahl der Bundesliga mit 10275 Mitgliedern (Zeppenfeld, 2022).
Dies wirkt sich sekundär auf die Auslastung bei Heimspielen aus. Mitglieder sind näher
mit dem Verein verbunden und unterstützen ihre Mannschaft somit bei Spielen im eigenen Stadion. Des Weiteren wirkt der Verein auch international unattraktiver als Vereine
mit einer höheren Zahl an Mitgliedern. Mehr Mitglieder bringen auch mehr Neuanmel-
dungen mit sich (Mitglieder werben Mitglieder). Ein weiterer negativer Aspekt einer ge-
ringen Mitgliederzahl ist, dass weniger Objektiviät in Mitgliederversammlungen existent
ist, hinsichtlich der Wahlen der Führungspositionen innerhalb des Vereins.

1.2 Analyse der Chancen und Risiken

Als eine Chance für die TSG Hoffenheim ist in dieser Saison die sehr gute sportliche Performance zu nennen, die zur Folge haben könnte in der kommenden Saison an der UEFA Champions League teilzunehmen. Dort würde ein Geldregen auf die Hoffenheimer warten, denn die Startprämie beläuft sich in der aktuellen Saison auf 15,64 Millionen Euro für jeden Verein der sich für Gruppenphase qualifiziert. Sollte sich der Verein in der Gruppenphase durchsetzen, warten weitere hohe Millionenbeträge auf die TSG Hoffenheim (Laabs, 2021). Dieser finanzielle Segen könnte der TSG Hoffenheim in allen Bereichen des Vereins weiterhelfen. Sie können diese Summen beispielsweise in die bereits gute Nachwuchsarbeit investieren, sowie in neue technologische Tools, Infrastruktur und neue Spieler für den Profikader. Auch steigert die Teilnahme an der Champions League die internationale Attraktivität. Große Vereine könnten auf einige Spieler des Vereins aufmerksam werden, die der Verein dann für eine hohe Summe verkaufen könnte.

Eine weitere Betrachtung hinsichtlich der Chancen auf zukünftige Entwicklungen ereignet sich im Bereich des eSports. Der Verein ist offiziell im Herbst 2020 in die eSports Branche eingestiegen, um die Philosophie des Vereins auch in der digitalen Welt zu vermitteln. So wurde ein eSports Team ins Leben gerufen, indem unter anderem Bundesligaspieler Munas Dabbur integriert ist (Daiker, 2021). Dies ist mit Sicherheit als richtige Entscheidung anzuerkennen, da eSports sich zu einem globalen Phänomen entwickelt hat. In Deutschland erreichte man im Jahr 2021 einen Umsatz von 113,2 Millionen Euro. Bis 2024 prognostiziert man das Marktwachstum auf mehr als 150 Millionen Euro. Diese Eingliederung in die Branche ist definitiv eine Chance für den Verein bezüglich der Generierung weiterer Einnahmen (Riedel, 2021). Weiterhin ist zu beobachten, dass die TSG Hoffenheim in den sozialen Netzwerken große Fortschritte erzielt hat. Denn der Verein ist im Hinblick auf das Wachstum der Abonnenten unter den besten fünf Vereinen (TSG Hoffenheim, 2022). Denn es ist klar wahrzunehmen, dass es einen klaren Anstieg auf die Nutzung mobiler Endgeräte (Smartphones und Tablets) gibt und weiterhin steigt. So müssen sich Fußballunternehmen diesem Trend bewusst sein, und sich darauf einstellen sowie Chancen in ihr erkennen. So kann die TSG Hoffenheim ihre Marke und ihre Philosophie an einer großen Zahl der User vermitteln. Auch die aktive Fanarbeit und die Auseinandersetzung mit der Fankultur des Vereins bietet eine gute Möglichkeit, sich auf unterschiedlichen Netzwerken auszutauschen und sich abzustimmen (Hildebrandt, 2014).

Als mögliches Risiko für die TSG Hoffenheim ist die geringe Zuschauerzahl bei Heimspielen zu nennen die Folgen finanzieller Natur haben können. So liegt der Verein auf dem letzten Platz der Zuschauertabelle (Huber, 2022). Diese fehlenden Zuschauereinnahmen können im Vergleich zu den anderen Bundesligisten einen Unterschied machen hinsichtlich der Einnahmen pro Heimspiel. Dazukommend hat der Verein schnell aufgezehrte Rücklagen durch beispielsweise fehlende Transfererlöse. Das betrifft auch Medienerlöse und Spieltagserlöse (Transfermarkt GmbH & Co.KG, 2021). Das kann ein Risiko darstellen, zukünftig auf dem Transfermarkt qualitative Spieler zu verpflichten für entsprechend hohe Preise um den Profikader zu stärken.

Ein weiteres Risiko stellt eine mögliche Wiederkehr der Pandemie in starkem Ausmaß dar, denn die finanziellen Verluste aus der Vergangenheit sind enorm. Die UEFA gab beispielsweise bekannt, dass den europäischen Clubs vier Milliarden Euro allein durch Ticketeinnahmen fehlen. Ebenso sind Sponsoringeinnahmen sowie fehlende Erlöse der Übertragungsrechte mit involviert (Sportschau, 2021). Dies würde auch die TSG Hoffenheim treffen, die dadurch fehlende Einnahmen hinsichtlich der genannten Aspekte kompensieren muss.

1.3 SWOT – Matrix

Tabelle 1: Darstellung der SWOT-Matrix (eigene Darstellung)

SWOT-Analyse		Umfeldanalyse (extern)	
		Chancen (Oppurtunities)	Risiken (Threats)
Unternehmensanalyse (intern)	Stärken (Strenghts)	S-O Strategien - Innovationen weiter entwickeln um gezielt Spieler besser zu machen und eine Champions League Teilnahme wahrscheinlicher zu machen - vorhandene Strukturen und Zentren hinsichtlich der Sportstätten einbeziehen und eine Erweiterung anvisieren	S-T Strategien - gute Nachwuchsarbeit ermöglicht Spieler in den Profikader zu integrieren, sollten Pandemiebedingt finanzielle Mittel fehlen um neue Spieler zu kaufen - Innovationen nutzen um den Online Ticketverkauf besser zu gestalten für mehr Zuschauer bei Heimspielen
	Schwächen (Weaknesses)	W-O Strategien - Reichweite in den Sozialen Netzwerken nutzen um Strategien zu entwickeln die mehr Mitglieder generieren sowie das Ansehen verbessern und die Kulturmarke des Vereins zu veranschaulichen - Champions League Teilnahme ermöglichen um die Abhängigkeit von Hopp zu verringern in finanzieller Sicht	S-T Strategien - Finanz und Sparplan aufstellen bezüglich einer möglichen wiederkehrenden Pandemiewelle mit Auflagen (z.B. Geisterspiele) - Mitgliederzahlen erhöhen um eine bessere Auslastung bei Heimspielen zu gewährleisten

Bei der dargestellten SWOT-Matrix sind die zuvor analysierten Aspekte miteinander kombiniert. So hat man sich bei der der S-O Strategie (Stärken und Chancen) angeschaut, welche Kompetenzen des Vereins passen in die Entwicklung sowie den spezifischen Anforderungen des Markts. Bei der S-T Strategie (Stärken und Risiken) untersucht man wie es dem Verein gelingt, die Stärken so zu nutzen, dass man mögliche Risiken aus der Umwelt abwenden kann. Die W-O Strategie (Schwächen und Chancen) verfolgt den Abbau der Schwächen, um somit die Chancen nutzen zu können. Bei der letzten Strategiekombination, der S-T Strategie (Schwächen und Risiken), sollen vorhandene Schwächen des Vereins so eingeschränkt und verteidigt werden, dass mögliche Bedrohungen das Unternehmen nicht schädigen.

2 Merchandising und Licensing

2.1 Geschäftsmodell

Das Geschäftsmodell Auslagerung in betriebliche Teilfunktionen wird für das Merchandisingkonzept des Volleyballvereins verwirklicht. Dieses Modell beinhaltet eine Zusammenarbeit mit einer externen Firma, wenn der Rechteinhaber nicht über sachliche, zeitliche und finanziellen Ressourcen verfügt. Auch wird dieses Modell gewählt, wenn beispielsweise ein eigener Fanshop ein zu hohes Risiko darstellt (Schumann, 2021). Daher hat man sich beim Volleyballverein entschieden, eine Textilfirma mit eigenen Drucksystemen heranzuziehen, die Produkte mit individuellen Aufdruck herstellt.

2.2 Fanartikelsortiment

Tabelle 2: Darstellung der Sortimentsarchitektur (eigene Darstellung)

Fanartikel / Sortimentsart	Artikel 1	Artikel 2
Kernsortiment (Bezug zum Wettkampfbesuch)	- Jubiläumstrikots des 30. Geburtstag mit Aufdruck 30 Jahre	- Fanschals mit 30 Jahre Jubiläumsaufdruck
Randsortiment (separate Zielgruppen und Anlassartikel)	- Federtaschen mit Logo des Vereins für Schüler	- Terminkalender mit Logo des Vereins für Mitarbeiter von Firmen mit Kooperation
Zusatzsortiment (Sport und clubferne Artikel)	-Bettwäsche mit Logo des Vereins	-Teetassen mit Logo des Vereins

7

Für das Kernsortiment hat man sich für ein Jubiläumstrikot sowie einem Fanschal anlässlich des 30. Geburtstags des Vereins entschieden. Der Aufdruck beinhaltet das Gründungsjahr sowie weiteren Designs in Farben des Volleyballvereins. Im Randsortiment stellt man Federtaschen für Schüler her sowie Terminkalender für kooperative Firmen mit dem Logo und den Farben des Vereins. Beim Zusatzsortiment beschäftigt man sich mit Sport und clubfernen Artikeln. Hierbei entscheidet man sich für Teetassen und Bettbezug in Farben des Vereins sowie mit der Beflockung des Logos.

2.3 Zielgruppen

Die Zielgruppe des Merchandisingkonzepts sind die Fans, die Anhänger, die seit längerer Zeit Mitglieder des Vereins sind und dem Verein treu zur Seite stehen. Diese Fans können besonders mit dem Kernsortiment in Verbindung treten, welches sie zu jedem Heim und Auswärtsspiel der Profimannschaften tragen können, sowie zu den Besuchen der Breitensportteams.

2.4 Preispolitische Strategie

Als Strategie hinsichtlich der Preise hat man sich für die Marktpreisstrategie entschieden. Hierbei bewegt man sich im Durchschnitt des Markts. So hat man sich die Preissegmente ähnlich großer Volleyballvereine innerhalb und außerhalb der Region angeschaut und somit erschließen können, welches Produkt zu wieviel Euro zu erwerben ist. Entschieden wurde sich beim Jubiläumstrikot auf 29,99€ und bei den Fanschals auf 9,99€ pro Schal. Bei den Federtaschen und den Terminkalendern für die Schüler und kooperativen Firmen werden die Produkte über eine größere Stückzahl an die Schulen und Firmen verkauft. Hierbei nimmt man für die Federtaschen und die Kalender jeweils 4,99€ pro Stück. Beim Bettbezug wurde 19,99€ festgelegt. Der Preis beinhaltet den Bettbezug für die Bettdecke und das Kopfkissen. Die Teetassen verkauft der Verein für 6,99€ pro Tasse.

2.5 Kanäle

Im Verein möchte man im Bereich des Social Media Marketing darauf aufmerksam machen, dass man hinsichtlich des Eigenvertriebs stationäre Verkaufsstellen einrichtet sowie

Versandartikel direkt zum Kunden nach Hause liefert. So möchte man auf Instagram und Facebook regelmäßig Bilder posten, in denen darauf hingewiesen wird. Auch ein direkter Link zur mobilen Seite des Fanshops wird in der Bio des Profils eingefügt. Bezüglich des Fremdvertriebs möchte der Verein Online Werbungen schalten, die beim Nutzer eines mobilen Endgeräts zwischendurch angezeigt werden. So hat der Verein sich dafür entschieden, mit dem Kaufhaus Karstadt und dem allgemeinen Sportartiklelhersteller 11teamsports zusammenzuarbeiten. Dort wird es kleinere Verkaufsstände mit den beschriebenen Fanartikeln geben.

2.6 Begleitmaßnahmen

Für die Fanartikelvermarktung entscheidet man sich im Rahmen der Kommunikationsmaßnahmen auf Vereinszeitschriften bezüglich des Jubiläums sowie Akustikwerbungen bei ortsansässigen Radiosendern.

2.7 Zeitraum

Die Vertragslaufzeit mit der Textilfirma sowie die Geltungsdauer dieser Fanartikel ist vom Zeitraum gleichgesetzt. So beläuft sich der Zeitraum über drei Monate vom ersten Tag des Geburtstags. Dies sieht der Verein als genügend vor, um die DNA des Vereins bestmöglich zu vermitteln und den Verein nach außen gut zu präsentieren.

3 Digitalisierung

3.1 Vereinsinhalte

Tabelle 3: Darstellung der Vereinsinhalte (eigene Darstellung)

Vereinsangebot	Leistungsorientierte Fussballschule
Mitgliederzahl	200
Anzahl bezahlter Mitarbeiter (Vollzeit/Teilzeit)	36
Anzahl ehrenamtlicher Mitarbeiter	30

3.2 Zielgruppen und Marketingziele

Für die leistungsorientierte Fussballschule eines Jugendfussballvereins wurden hinsichtlich der Erstellung einer neuen App zwei Zielgruppen ausgewählt. Die erste Zielgruppe sind die Jugendfussballer selbst. Hier will man als erstes Marketingziel den Service und die Prozesse bezüglich der Trainingsgestaltung optimieren und somit einen Mehrwert für die Spieler und Trainer schaffen. So können die Spieler mithilfe der App dem Training eine Zusage oder Absage erteilen. Dies ist von entscheidender Bedeutung für den Trainer, denn er muss das Training planen und benötigt dazu die Anzahl der Spieler. Als zweites Marketingziel ist vorgesehen, die Kundenbindung zu verbessern, damit die jungen Spieler sich noch besser mit dem Verein identifizieren können und sich nicht von anderen Fussballschulen abwerben lassen. Die zweite Zielgruppe befasst sich mit der Neukundengewinnung. Hierbei will man gezielt durch eine Reichweitengewinnung sowie Steigerung der allgemeinen Bekanntheit potenzielle Neukunden für die Fussballschule gewinnen. Hierbei will man sich gezielt auf Talente anderer Fussballschulen in der Umgebung fokussieren, sowie deren Eltern. Ziel dessen ist es, die Fussballschule mit weiteren guten Talenten zu bestücken, und andere Fussballschulen zu schwächen. Als zweites Ziel welches mit der Gewinnung neuer Kunden einhergeht, ist der Umsatz, denn jeder Spieler muss einen Mitgliedsbeitrag im Monat an den Verein zahlen.

3.3 Inhalte der App

Tabelle 4: Darstellung der Inhalte der App (eigene Darstellung)

Themen	Mehrwert für den Kunden	Mehrwert für den User
Trainingsplanung/Trainingsanwesenheit	Trainer und Spieler können sich auf die Trainingseinheiten optimal vorbereiten	Interessierte Spieler können über die App ein Probetraining buchen
Erwerb von Fussballbedarf	Spieler können über die App Fussballschuhe und weiteren Bedarf erwerben	Fussballerinteressierte können Fussballbedarf über die App erwerben
Einsicht von Statistiken	Spieler und Trainer können Statistiken zu ihren Spielen analysieren	Analytiker können die Statisken zur eigenen Weiterbildung nutzen
Gutscheine und Special Deals	Kunden können damit Equipment rabattiert kaufen	Sponsoren können auf Gutscheine und Special Deals in hoher Anzahl erwerben zum rabattierten Preis

Die Trainingsplanung sowie Gestaltung des Training kann mithilfe der App sehr einfach angegeben werden. Somit wissen alle Spieler und Trainer, welche Inhalte in kommenden

10

Trainingseinheiten absolviert werden und wieviele Spieler dabei sind. Auch potenziell interessierte Spieler können über die App eine Probetraining buchen und in einer Trainingseinheit partizipieren. Der Erwerb von Fussballbedarf ist ebenso für Spieler und externe User möglich, da der Verein mit einem Sportartikelhersteller kooperiert. Auch zeigt die App Statistiken von allen bereits gespielten Spielen an, so können die Trainer ihre eigene Arbeit bewerten und externe User sowie angehende Trainer können dies zu Weiterbildungszwecken verwenden. Des Weiteren verfügt die App über Gutscheine und Specia Deals, auf die die Spieler sowie die externen User zugreifen können.

3.4 Chancen und Risiken der App

Als Chance für die Verwendung der App sind die Optimierung der Arbeitsprozesse zu nennen, denn dem Kunden werden durch Inhalte der App bestimmte Punkte erleichtert, beispielsweise hinsichtlich der Trainingsplanung. Ebenso kann der Verein über die App ihre Marke vermarkten, die im Vergleich zu beispielsweise TV-Spots deutlich geringere Kosten aufweist. Als Risiko muss sich der Verein darüber im klaren sein, dass es negative Kommentare und Ansichten bezüglich der App in einer quantitativ hohen Anzahl geben könnte. Diese ist demnach schwer zu kontrollieren und einzudämmen. Ebenso ist die Datensicherheit ein Risiko der App, denn es kann immer wieder User geben, die sich mit speziellen Mittel Zugang zu wichtigen internen Inhalten erschleichen können.

3.5 Steigerung des Bekanntheitsgrads

Der Verein kann den Bekanntheitsgrad steigern, indem sie beispielsweise in ihren Social Media Kanälen und ihrer Website auf die App verweist. Auch kann Werbung dazu verwendet werden, auf die App aufmerksam zu machen. Events wie Spiele der jeweiligen Mannschaften können dazu verwendet werden, mit der App zu werben und die Besucher aktiv in Form einer Promotion darauf anzusprechen. Des Weiteren können Sponsoren und Kooperationen bei der Verbreitung der App behilflich sein.

4   Sponsoring

Das Wirtschaftsunternehmen „Robins Nutrition" produziert Nahrungsergänzungsmittel wie beispielsweise Proteinpulver, Vitaminpräparate, Snacks während des Trainings, sowie weitere eiweißreiche Produkte. Auch Sportbekleidung und Equipment für das Fitnessstudio sind mit im Sortiment integriert. Die Zielgruppen des Wirtschaftsunternehmens werden in drei Abgrenzungsmerkmale gegliedert. So richtet man sich bezüglich der Kundenzielgruppe nach Alter, Einkommen und Wohnort. Besonders junge Sportler zwischen 18 und 22 Jahren haben großes Interesse an Fitness und Kraftsport. Des Weiteren gibt es speziell in größeren Städten eine hohe Anzahl an Fitnessstudios, die dortigen Mitglieder ins Visier zu nehmen ist ein Fundament der Arbeit im Unternehmen. Auch das Einkommen spielt im Vetrieb ein große Rolle, denn nicht alle Personen können sich regelmäßig Nahrungsergänzungsmittel leisten. Daher ist das auch ein Kernpunkt, auf das das Unternehmen acht gibt. Als Distributionskanäle verwendet das Unternehmen einen direkten sowie indirekten Absatzweg. Hinsichtlich des direkten Absatzweges verfügt die Firma über 25 Filialen innerhalb Deutschlands, und jeweils zwei Filialen in Spanien und Portugal. Hierbei stehen sich Verkäufer und Produzent gegenüber. Beim indirekten Absatzweg hat man sich beim Unternehmen für den Online Verkauf entschieden, der über einen Absatzmittler vom Produzierenden zum Endverbraucher gelangt. Bislang wurden Social Media, klassische Werbung, Aufstellungen bei Messen, als Maßnahmen zur Verbreitung angewendet. Auch das Sponsoring von Power Lifting und Bodybuilding Wettbewerben fand in der Vergangenheit statt, um den Bekanntheitsgrad der Marke zu erhöhen.

Durch das Sponsoring des Sportevents des Halbmarathons setzt sich das Unternehmen zwei wesentliche psychologische Ziele. Zum einen möchte es dadurch den Bekanntheitsgrad steigern, zum anderen möchte es sich in Sachen Imagefaktoren verbessern.
Es besteht eine direkte Schnittmenge zwischen den Kunden des Unternehmens sowie den Sportlern des Events, denn rund 40% der Läufer befinden sich zwischen 18-22 Jahren und auch ein Großteil der Zuschauer befindet sich in diesem Altersbereich. Für die Sponsoring Einzelmaßnahmen entscheidet man sich bei dem Event auf fünf konkrete Maßnahmen. So wird sich bei den Verpflegungsständen in den Abschnitten nach 5km, 11km und 17km mitbeteiligen und die Läufer mit kleineren Snacks in Form von Energy Gels versorgen. Diese reduziert nicht nur die Erschöpfung und Müdigkeit während des Laufens, sondern versorgt den Läufer auch mit Kohlenhydraten und Vitaminen. Außerdem gibt es am Startpunkt einen Stand, in der Mitarbeiter der Firma Probierpakete verkaufen können

sowie kleinere Equipments für einen Fitnessstudiobesuch. Zudem werden Broschüren, Werbepräsente sowie Bilder und Sticker an Zuschauer verteilt. Eine Werbefahne sowie weitere Banner mit der Aufschrift und den Farben des Unternehmens befinden sich am Startpunkt, sowie an weiteren Stellen des fortlaufenden Weges. Als fünfte Sponsoring Einzelmaßnahme gibt es kleinere Hefte, in denen Produkte der Firma, deren Preise sowie deren Vorteile beschrieben sind. Am Ende des Sportevents erfolgt eine Erfolgskontrolle hinsichtlich des Sponsorings des Events. Dabei beginnt das Unternehmen mit der Prozesskontrolle und stellt sich zunächst die Frage, wie die einzelne Prozesse wie beispielsweise Terminplanungen, Auftreten der Mitarbeiter, Aspekte des Kostenbudgets während des Events von statten gingen. Auch die Kontrolle der Ressourcen werden hierbei berücksichtigt. Im Anschluss untersucht man, wie effektiv das Sponsoring bezogen auf die Kosten und den Nutzen abgelaufen ist, sowie eine Kostenrechnung des gesamten Prozesses durchgeführt. Zum Schluss untersucht das Unternehmen, ob die eingangs erannten Ziele betreffend der Verbreitung des Bekanntheitsgrades sowie der Verbesserung des Image erreicht wurden. Hie möchte die Firma mehrere Fragebögen an die Zuschauer verteilen, und diese anschließend analysieren.

5 Tabellenverzeichnis

6 Literaturverzechnis

Daiker, N. (2021). *TSG Hoffenheim launcht eigene eSports Homepage.*
Zugriff am 19.03. 2022. Verfügbar unter https://www.sportsbusiness.at/tsg-hoffen
heim-launcht-eigene-esports-homepage/

Görlich, P. & Mayer, J. (2018). *Falldarstellung: TSG 1899 Hoffenheim – Herkunft und*
Strategie. In R. Lanwehr & J. Mayer (Hrsg.), People Analytics im Profifußball
(S. 15–22). Wiesbaden: Springer Fachmedien Wiesbaden.
https://doi.org/10.1007/978-3-658-21256-8_2

Hierl, L. & Weiß, R. (2016). *Bilanzanalyse von Fußballvereinen.* Wiesbaden: Springer
Fachmedien Wiesbaden. https://doi.org/10.1007/978-3-658-07916-1

Hildebrandt, A. (2014). *CSR und Sportmanagement.* Berlin, Heidelberg: Springer Berlin
Heidelberg. https://doi.org/10.1007/978-3-642-54884-0

Huber, F. (2022). *Wo bleiben nur die Hoffenheimer Fans?*
Zugriff am 19.03. 2022. Verfügbar unter https://www.stimme.de/sport/fussball/wo-
bleiben-nur-die-hoffenheimer-fans-art-4540211

Kaufmann, T. (2021). SWOT. In T. Kaufmann (Hrsg.), *Strategiewerkzeuge aus der*
Praxis (S. 289–293). Berlin, Heidelberg: Springer Berlin Heidelberg.
https://doi.org/10.1007/978-3-662-63105-8_26

Laabs, T. (2021). *Einnahmeverteilung der UEFA: 2,0 der 3,5 Milliarden für CL-Klubs.*
Zugriff am 17.03.2022. Verfügbar unter https://www.realtotal.de/einnahmenvertei-
lung-der-uefa-20-der-35- milliarden-fuer-cl-klubs/

Nieswandt, M., Geschwill, R. & Zimmermann, V. (2019). *EdTech in Unternehmen.*
Wiesbaden: Springer Fachmedien Wiesbaden. https://doi.org/10.1007/978-3-658-
26844-2

Preuß, H., Huber, F., Schunk, H. & Könecke, T. (2014). *Marken und Sport*. Wiesbaden: Springer Fachmedien Wiesbaden. https://doi.org/10.1007/978-3-8349-3695-0

Transfermarkt.de. (2021). *Hoffenheim Chef Briel: Rücklagen „schnell aufgezehrt" – Fehlende Transfererlöse*. Zugriff am 20.03.2022. Verfügbar unter https://www.transfermarkt.de/hoffenheim-chef-briel-rucklagen-bdquo-schnell-aufgezehrt-ldquo-ndash-fehlende-transfererlose-faktor/view/news/393677

TSG Hoffenheim. (2022). *Social Media: TSG unter Top-5 im Follower Wachstum* Zugriff am 19.03.2022. Verfügbar unter https://www.tsg-hoffenheim.de/aktuel les/news/2022/02/social-media-tsg-unter-top-5-im-follower-wachstum/

Schumann O. (2021). *Studienbrief – Sportmarketing (rev.26.033.000)*. Saarbrücken: Deutsche Hochschule für Prävention und Gesundheitsmanagement.

Sportschau. (2021). *Corona bringt Europas Fussball um 8 Milliarden Euro*. Zugriff am 20.03.22. Verfügbar unter https://www.sportschau.de/fuss ball/coronauefa-milliarden-euro-benchmarking-report-100.html

Umbach, G. (2018). *Die SWOT-Analyse*. In G. Umbach (Hrsg.), *Erfolgreich im Pharma-Marketing* (S. 377). Wiesbaden: Springer Fachmedien Wiesbaden. https://doi.org/10.1007/978-3-658-18482-7_22

Werheid, M. & Mühlen, M. (2019). *CSR und Fußball*. Berlin, Heidelberg: Springer Berlin Heidelberg. https://doi.org/10.1007/978-3-662-57967-1

Zeppenfeld, B. (2022). *Anzahl der Mitglieder der Vereine der 1. und 2. Bundesliga in der Saison 2021/2022*. Zugriff am 17.03. 2022. Verfügbar unter https://de.sta tista.com/statistik/daten/studie/29723/um frage/anzahl-der-mitglieder-ausgewaehl-ter-vereine-der-bundesliga/

BEI GRIN MACHT SICH IHR WISSEN BEZAHLT

- Wir veröffentlichen Ihre Hausarbeit, Bachelor- und Masterarbeit

- Ihr eigenes eBook und Buch - weltweit in allen wichtigen Shops

- Verdienen Sie an jedem Verkauf

Jetzt bei www.GRIN.com hochladen und kostenlos publizieren